Ursel Scheffler

Kugelblitz

in Istanbul

**Illustriert von Johann Brandstetter
und Hannes Gerber**

AF217579

Hase und Igel®

Hallo, liebe Detektive,

eigentlich wollte ich endlich mal Urlaub
machen und meinen Freund Inspektor
Selim Süleyman in der Türkei besuchen.
Aber zum Angeln im Meer bin ich nicht viel
gekommen, denn plötzlich war ich wieder
mitten drin in einem spannenden Detektiv-
abenteuer: ein Diamantendiebstahl im
Sultanspalast!

Kommt mit an den Bosporus und helft
mir, meinem Freund Selim und seinem
Assistenten Murat bei einer aufregenden
Spurensuche. Wir ermitteln in den engen

Gassen Istanbuls, in einem Kaffeehaus, im Basar und im Dampfbad und sogar auf einer Luxusyacht. Dabei erfahrt ihr viel Interessantes über das Alltagsleben der Menschen und lernt sogar ein paar Worte Türkisch.

Also aufgepasst und nachgedacht: Lesen, knobeln und messerscharf kombinieren – gemeinsam lösen wir auch diesen Fall, da bin ich mir sicher!

Merhaba in Istanbul!
Euer Isidor Kugelblitz

Für Lehrkräfte gibt es zu diesem Buch ausführliches Begleitmaterial beim Hase und Igel Verlag.

Originalausgabe
© 2006/2015 Hase und Igel Verlag, München
www.hase-und-igel.de
Lektorat: Monika Burger, Patrik Eis
Druck: Grafisches Centrum Cuno GmbH & Co. KG

ISBN 978-3-86760-204-4
3. Auflage 2020

1. Urlaub mit krummen Haken

Im Kommissariat in Hamburg macht sich Urlaubsruhe breit. Die wichtigsten Fälle sind abgeschlossen: Der Supermarkt-Erpresser ist gefasst, die Euro-Fälscherbande sitzt hinter Gittern und die entführten Zwillinge des türkischen Obsthändlers sind wieder zu Hause in Pinneberg.

„Jetzt kann ich mit ruhigem Gewissen nach Istanbul fliegen", murmelt Kommissar Kugelblitz. Sein Freund Inspektor Selim Süleyman hat ihn zum Angeln an den Bosporus eingeladen. Wie er sich auf die ruhigen Tage am Meer freut!

Aber wo ist diese verflixte Flugkarte? Sonja Sandmann, seine tüchtige Assistentin, hat ihm geholfen ein Ticket im Internet zu buchen. Ein günstiger Last-Minute-Flug, nur gut drei Stunden Flugzeit. Kugelblitz wühlt auf seinem Schreibtisch. Ah, da ist es ja! Triumphierend angelt er das Flugticket zwischen den Papierstapeln hervor.

Kugelblitz verabschiedet sich von seinen Assistenten.

„Gute Reise, Chef!", wünscht Fritz Pommes.

„Das ist von uns dreien", sagt Kriminalobermeister Peter Zwiebel und überreicht Kugelblitz ein Päckchen.

„Vielen Dank! Das wäre doch nicht nötig gewesen", freut sich KK, als er neugierig das Geschenk betrachtet. Was da wohl drin ist?

„Aber erst morgen im Flugzeug auf-
machen!", ruft Sonja Sandmann.

Also klemmt Kugelblitz sich das Päckchen unter den Arm und verlässt vergnügt
pfeifend das Kommissariat. Als er am Stadt-
park vorbeikommt, liegt eine Kastanie auf
dem Boden. Er sieht sich um, ob niemand
schaut, lächelt verschmitzt und kickt sie
dann wie ein Schuljunge vor sich her.
Urlaub, juhu!

Er sieht auf die Uhr. Es bleibt noch Zeit
für ein paar Besorgungen. In der Buch-
handlung ersteht er einen Stadtplan von
Istanbul und eine Seekarte von der türkischen Küste. Im Musikladen kauft er eine
CD für Selims Frau Suleyka. Sie liebt
Mozart. Daher entscheidet er sich für
„Die Entführung aus dem Serail". Im Angel-
geschäft besorgt er noch ein paar Fliegen
und Spezial-Angelhaken als Mitbringsel
für seinen Freund Selim.

7

Als er endlich mit den Einkäufen die Treppe zu seiner Wohnung hinaufsteigt, begegnet ihm Kemal, der Sohn des Hausmeisters.

„Wo bist du denn so braun geworden, Kemal?", erkundigt sich Kugelblitz und bleibt auf dem Treppenabsatz stehen. „Bei uns war doch in den Sommerferien so schlechtes Wetter."

„Ich war bei meinen Großeltern in der Türkei", berichtet Kemal stolz. „Ich konnte jeden Tag im Meer baden oder mit Opa zum Fischen rausfahren."

„Genau das hab ich jetzt auch vor! Ich fliege morgen nach Istanbul", erzählt Kugelblitz.

„Hast du auch einen Opa in der Türkei?", fragt Kemal.

Kugelblitz schmunzelt. „Nein, aber einen Freund, der mich zum Angeln eingeladen hat."

„Ist der auch Detektiv, wie du?"

„Genau!"

„Werdet ihr zusammen Fälle lösen?"

„Wo denkst du hin! Wir wollen Fische angeln und keine Gauner", sagt Kugelblitz und lacht.

„,Verhaftet' heißt *tutuklu* und ,Achtung, Polizei!' heißt *dikkat, polis!*, ,Assistent' heißt *asistan* und ,Eis' heißt *dondurma*. Nur für alle Fälle", erklärt Kemal und grinst. „Schickst du mir eine *kartpostal?* Und falls du einen *asistan* brauchst: Ruf mich an! Auf Wiedersehen: *Güle güle!*"

9

„*Mersi!* Danke für den Schnellkurs in Türkisch", ruft Kugelblitz ihm nach und lacht. Ein netter Junge, der Kemal!

Hier die Fragen an alle ausgeruhten Detektive, die noch nicht urlaubsreif sind:

- Wie heißen die drei Assistenten von Kommissar Kugelblitz?
- Teste dein Gedächtnis für Türkisch: Was heißt *dondurma* auf Deutsch?
- Und wie sagt Kemal „Auf Wiedersehen" auf Türkisch?
- Zum Schluss noch eine Frage für Spezialisten: Wie heißt die Hauptstadt der Türkei?

2. Ankunft am Bosporus

Am folgenden Tag herrscht fabelhaftes Flugwetter. Kugelblitz hat einen Fensterplatz. Als die Maschine über Istanbul in der Warteschleife kreist, kann er genau erkennen, wo der Bosporus die Kontinente Europa und Asien trennt.

„Sieht viel schöner aus als auf meiner Karte", murmelt er. Das Marmarameer leuchtet türkisgrün zu ihm herauf. Millionen von Fischen tummeln sich da unten. „Achtung, ich komme!", brummt Kugelblitz, aber diese Warnung hören die Fische zum Glück nicht.

‚Fisch' heißt auf Türkisch *balık*. Das hat er eben im Wörterbuch nachgesehen. Es war in dem Päckchen, das ihm seine Assistenten zugesteckt hatten. Zusammen mit einem Reiseführer über Istanbul. Eine interessante Stadt, die er schon von früheren Besuchen ein bisschen kennt. Aber bei seinen Dienstreisen blieb nie

genug Zeit, die herrlichen Moscheen und
Sultanspaläste zu bestaunen oder
durch die berühmten Basare und
die malerischen Altstadtgassen
zu streifen. Wie er sich darauf freut!

Atatürk-Brü

Fatih-Mehmet-
Moschee

ALTSTAD

ISTAN

Marmarameer

GALATA

Bosporus

Goldenes Horn

Galatabrücke

Serailspitze

Topkapı-Palast

Großer Basar

Hagia Sophia

Sultan-Ahmet-Moschee

Die Maschine landet pünktlich auf dem Flughafen Atatürk im Westen der Stadt. Inspektor Selim Süleyman wartet schon auf seinen Gast.

„*Merhaba,* Isidor!", ruft er und geht mit ausgestreckten Armen auf ihn zu. „Wie schön, dass du da bist! Suleyka freut sich auch schon unheimlich auf dich." Selim lacht vergnügt. „Sie wirbelt schon seit Stunden in der Küche herum. Angeblich bereitet sie nur ein kleines, leichtes Abendessen zu."

Am Steuer des Polizeiwagens wartet Murat auf die beiden Detektive. Er ist nicht nur der Fahrer, sondern auch der unentbehrliche Assistent von Inspektor Süleyman. Er half vor einem Jahr bei Ermittlungen in einem internationalen Drogenschmuggler-Fall tatkräftig mit. Geschickt steuert er den Wagen durch den dichten Verkehr der Innenstadt. Jetzt überqueren sie auf der Atatürk-Brücke den Meeresarm, der unter dem Namen Goldenes Horn weltbekannt ist. Die Brücke trennt die Altstadt von dem neueren Stadtteil Galata, in dem Inspektor Süleymans Haus liegt.

Selims Frau Suleyka hat nicht nur ein leckeres türkisches Essen für ihren Gast vorbereitet, sondern auch ein freundliches Gästezimmer im obersten Stockwerk des Hauses. Eine schmale Treppe führt auf eine Dachterrasse, von der aus man einen traumhaften Blick auf das Goldene Horn

15

und auf den Bosporus hat – aber auch auf
die Kuppeln und Minarette der Altstadt auf
der gegenüberliegenden Seite.

„Wie in einem Märchen aus ‚Tausendundeine Nacht‘", staunt Kugelblitz.

„Nun, es soll ja auch ein märchenhafter
Urlaub werden", sagt Suleyka. Sie erklärt
ihm, welche Türme zur berühmten Hagia
Sophia gehören und welche zur Sultan-
Ahmet-Moschee.

16

Kugelblitz späht mit dem Fernglas über die Bucht und murmelt: „Und neben der Hagia Sophia ist der Sultanspalast. Ich habe gerade in meinem Reiseführer viel Interessantes darüber gelesen."

„Das *Topkapı Sarayı*", bestätigt Suleyka.

„*Saray* heißt ‚Palast'. Aber was heißt *Topkapı?*", erkundigt sich KK.

„*Top* heißt ‚Kanone' und *kapı* heißt ‚Tor'. Dort wurden früher nämlich Kanonen

17

gegossen", erklärt Suleyka, während sie wieder nach unten ins Esszimmer gehen. „Der Palast war jahrhundertelang die prächtige Wohnung des Sultans und seiner großen Familie. Aber jetzt essen wir erst mal in unserem etwas bescheideneren Heim", fügt sie hinzu und deutet auf die dampfenden Schüsseln. „*Tabak* heißt ‚Teller' und *kaşık* heißt ‚Löffel'. Das kannst du dir leicht merken."

Es schmeckt alles so köstlich, wie es aussieht.

„*Dondurma* und *armut kompostosu*", verkündet Suleyka, als sie schließlich den Nachtisch serviert.

„Was *dondurma* ist, hab ich schon von meinem jungen Freund Kemal gelernt. Aber was ist *armut kompostosu?*", erkundigt sich Kugelblitz verwundert.

„Keine Angst", schmunzelt Selim. „Das kommt nicht von ‚Komposthaufen'. *Armut* bedeutet in unserer Sprache ‚Birne' und *komposto* nennt man bei euch ‚Kompott'. Suleyka hat es selbst gekocht."

„Nun habe ich gerade mit Mühe fünf Kilo abgenommen", seufzt Kugelblitz. „Ich fürchte, die hab ich bald wieder drauf!" Er streicht über seinen Bauch. „*Top* – rund wie eine Kanonenkugel!"

„Jetzt gibt es noch einen türkischen Mokka. Den kocht immer Selim persönlich", sagt Suleyka. „Das ist Chefsache!"

Obwohl KK und Selim am nächsten Tag früh zum Angeln rausfahren wollen, sitzen sie noch lange auf der Dachterrasse, genießen den Blick über die Stadt und erzählen sich von ihren spannendsten Fällen.

19

Am nächsten Morgen beim Frühstück klingelt das Telefon. Selim hebt ab – und lässt wenig später vor Schreck seine Teetasse fallen. Nachdem er aufgelegt hat, stammelt er entsetzt: „Einbruch im *Topkapı*-Palast!"

„Ich glaub, ich bin im Kino", ruft KK überrascht. „Der Einbruch im *Topkapı*-Palast wurde doch längst verfilmt – mit Peter Ustinov, meinem Lieblingsschauspieler!"

„Hier geht es nicht um Kino, Isy. Es ist leider wahr: Aus der Schatzkammer wurde der wertvollste aller Steine gestohlen: der *Kaşıkçı*-Diamant. Er ist mit 86 Karat einer der größten Diamanten der Welt – eine Katastrophe! Ich muss mich sofort darum kümmern! Du kommst doch mit? Murat ist schon unterwegs und holt uns ab."

„Ehrensache", sagt Kugelblitz und folgt seinem Freund nach draußen, wo gerade mit quietschenden Bremsen der Polizeiwagen vorfährt.

„Ich schätze, der Fall rettet einigen
Fischen das Leben", murmelt Suleyka, die
ihnen vom Fenster aus nachsieht.

Nun einige Fragen an alle Detektive, die
auch mit vollem Bauch noch klar denken
können:
- Welche beiden Kontinente trennt der
  Bosporus?
- Nenne die drei Sehenswürdigkeiten von
  Istanbul, die Kugelblitz von seinem
  Zimmer aus sehen kann.
- Was heißen *armut* und *komposto* auf
  Deutsch?
- Wie schwer ist der gestohlene Diamant,
  wenn einem Karat Diamantengewicht
  0,2 Gramm entsprechen?

21

3. Im *Topkapı*-Palast

Als die beiden Detektive am Tatort eintreffen, ist die Schatzkammer, die sich im dritten Hof des riesigen Palastes befindet, längst weiträumig abgeriegelt. Neugierig drängen sich die Touristen hinter den Absperrgittern und beobachten die Arbeit der Polizei.

„Ich hab um neun Uhr die Schatzkammer für die erste Reisegruppe aufgesperrt", berichtet der Museumswärter aufgeregt. „Da bemerkte ich sofort, dass der Stein fehlt!" Er deutet auf den leeren Glaskasten. „Gestern um kurz nach fünf hab ich den Saal abgeschlossen, nachdem die letzten Touristen gegangen waren. Da lag der Stein noch im Kasten. Ich weiß es genau, denn die letzte Besucherin hat sich ganz besonders für die Juwelen interessiert und wollte sie in der Glasvitrine unbedingt fotografieren. Ich hab noch extra für sie die Scheibe blankgeputzt."

„Schreib auf, Murat: Tatzeit zwischen gestern Abend, 17 Uhr, und heute, neun Uhr", sagt Inspektor Süleyman zu seinem Assistenten, der den Protokollblock gezückt hat.

23

„Wer hat außer Ihnen noch einen Schlüssel zur Schatzkammer?", erkundigt sich Kugelblitz.

„Nur der Direktor, die Museumsverwaltung und der Hausmeister Sivas. Der lässt auch die Putzfrauen herein. Er hat heute allerdings seinen freien Tag und wollte zum Angeln an den Bosporus."

„Da wären wir jetzt auch gern", seufzt Selim.

„So angeln wir uns eben Herrn Sivas, wenn er vom Fischen zurückkommt", meint Kugelblitz. „Aber vorher wüsste ich noch gern, wie die Dame aussah, die sich gestern um fünf so auffällig für den Stein interessierte."

„Eine Ausländerin, rötlich blonde Haare, zu schlank für meinen Geschmack. Ziemlich geschminkt. Sie hatte einen weißen Hosenanzug an. Schwarzes T-Shirt, glaub ich. Oder dunkelblau. Und sie trug eine goldene Uhr mit Klunkern dran", erinnert sich der Wärter.

„Sie meinen, mit Brillanten?", hakt Kugelblitz nach.

„Sah ganz so aus", brummt der Mann. „Ich tippe auf reiche Engländerin oder Amerikanerin."

Endlich erreicht der Leiter der Museumsverwaltung den Hausmeister über Handy.

„Ich bin noch auf dem Boot", sagt Herr Sivas. „Aber am Hafen steht mein Motorrad. Ich komme, so schnell ich kann. In spätestens einer Stunde bin ich bei Ihnen", verspricht er.

Inzwischen machen sich Kugelblitz und Süleyman auf den Weg zum Museumsdirektor. Hikmet Kaptan ist mit den Nerven völlig am Ende.

„Eine Schande! Mein Ruin!", stöhnt er und rauft sich die Haare.

Zu allem Überfluss kommt jetzt auch noch der Versicherungsvertreter hereingestürmt und möchte wissen, wer da seine Pflicht versäumt hat.

„Wenn die Vorsichtsmaßnahmen außer Acht gelassen wurden, zahlen wir nichts. So steht es im Vertrag!", droht der Versicherungsmann.

„Das ist das Ende", seufzt der Direktor und sinkt in seinen Ledersessel.

„Keine Angst, Hikmet", beruhigt Inspektor Süleyman seinen alten Schulfreund und legt ihm tröstend die Hand auf die Schulter. „Wir sind ja auch noch da. Ich bin mir sicher, dass wir den Fall aufklären und den Täter finden. Zumal ich dir hier meinen Freund vorstellen darf: Kommissar Kugelblitz aus Hamburg. Er ist einer der besten Detektive der Welt."

„Oh! Entschuldigung, dass ich Sie nicht gleich begrüßt habe", ruft Hikmet Kaptan

und reicht Kugelblitz die Hand. „Ich habe
Sie in der Aufregung gar nicht bemerkt."

„Gut so. Ein Detektiv sollte immer unauffällig sein", sagt Kugelblitz und schmunzelt
nachsichtig.

„Mein erfahrener Assistent Murat und
zwanzig meiner besten Spurensucher sind
gerade dabei, den ganzen Palast zu durch-
kämmen. Sicherlich werden wir bald einen
Hinweis finden", beruhigt Inspektor Süleyman seinen nervösen Freund.

„Meinst du wirklich?", seufzt Hikmet.
Seine dunkelbraunen Augen blicken wieder
etwas hoffnungsvoller in die Welt.

Jetzt trifft der Hausmeister am Tatort ein.
Ein junger Mann, Mitte dreißig. Er trägt
einen Motorradhelm unter dem Arm.

„Bei Allah", murmelt Herr Sivas und starrt
erschrocken auf die leere Vitrine. „Ich bin
geschockt. Wie konnte das geschehen?"

„Das versuchen wir gerade herauszufinden", sagt Inspektor Süleyman. „Haben
Sie gestern nach 17 Uhr jemanden in
diesen Raum gelassen?"

„Natürlich. Zwischen 18 und 19 Uhr
haben drei Putzfrauen hier saubergemacht.
Es war dringend nötig, denn wegen des
kurzen Gewitterregens am Vormittag hatten
die Besucher schmutzige Schuhe. Außerdem fassen die Leute mit ihren schmierigen
Sonnenöl-Pfoten einfach alles an! Auch
die Scheiben der Vitrinen mussten mal
wieder von innen geputzt werden, schließlich sollen die Kostbarkeiten nicht ver-
staubt aussehen. Aber ich war immer dabei.
Und nach den Reinigungsarbeiten hab ich
die Alarmanlage persönlich wieder scharf
geschaltet."

„Das heißt also, dass die Alarmanlage
während der Reinigungsarbeiten ausge-
schaltet wird?", vergewissert sich KK.

„Selbstverständlich, sonst hätten wir ja Daueralarm. Die Sensoren an den Vitrinen reagieren äußerst empfindlich", erklärt der Hausmeister.

„Na klar. Das kennt man ja aus dem Fernsehen", murmelt Kugelblitz.

Inspektor Süleyman denkt laut nach: „Da die Alarmanlage in Ordnung war – das haben unsere Spezialisten überprüft – und kein Alarm ausgelöst wurde, kann der Diamant nur während der Reinigungsarbeiten verschwunden sein!"

„Wir sollten die Putzfrauen verhören", schlägt Kugelblitz vor.

„Ich kenne die drei Frauen seit Jahren", versichert der Hausmeister. „Die sind zuverlässig und würden doch nie ihren Job riskieren."

„Trotzdem: Wir möchten sie alle drei sprechen", fordert Inspektor Süleyman.

„Ich kümmere mich darum", verspricht der Hausmeister. „Kann ich dann gehen? Es ist Freitag und ich möchte noch zum Gebet in die Moschee."

„Vorerst schon, aber halten Sie sich bitte für weitere Fragen bereit", sagt Inspektor Süleyman.

„Ein frommer Mann", murmelt Kugelblitz und sieht dem Hausmeister nach. Er schnuppert. „Und ein gepflegter Mann!"

Ein Hauch von Rasierwasser liegt in der
Luft. Aber sein Hemd war eine Spur zu
frisch und seine Frisur ein wenig zu gut
gekämmt, als dass er ihm die flotte Fahrt
auf dem Motorrad bei Sommerhitze abgenommen hätte. Kugelblitz beschließt,
diese kleinen Beobachtungen erst einmal
für sich zu behalten.

Von den drei Putzfrauen erscheinen am
nächsten Tag nur zwei zur Vernehmung.
Die dritte ist krank. Sie liegt mit einer
Fischvergiftung im Krankenhaus. Und
dann kommt die Überraschung: Da lag sie
auch vor zwei Tagen schon!

„Denkst du, was ich denke, Isy?", fragt
Selim Süleyman und sieht Kugelblitz an.

„Kombiniere: Da gestern trotzdem drei
Frauen zum Dienst erschienen sind, muss
eine falsche Putzfrau dabei gewesen sein.
Ich frage mich nur, warum die beiden

anderen das nicht bemerkt haben", grübelt
Kugelblitz. „Und auch dem Hausmeister
müsste etwas aufgefallen sein. Wir sollten
ihn noch einmal befragen."

„Mir ist gestern Abend nichts verdächtig
vorgekommen", beteuert Hausmeister
Sivas. „Die drei haben sich nie viel unter-
halten, weil die Frau mit der Fischvergiftung nur Kurdisch spricht. Und wenn die
Frauen ihre Kopftücher aufhaben und die
Putzkittel umbinden, dann ist nicht viel von
ihnen zu sehen. Ich kann doch als frommer
Muslim nicht den Frauen unters Kopftuch
schauen!"

„Schreib auf, Murat: falsche Putzfrau",
brummt Inspektor Süleyman. „Putzkammer
nach Spuren durchsuchen!"

„Auch der Sache mit der Fischvergiftung sollten wir unbedingt nachgehen", schlägt Kugelblitz vor. „Könnte ja sein, dass das kein Zufall war …"

„Das kann Murat gleich als Nächstes machen", sagt der Inspektor und ruft dann seinem Assistenten zu: „Schreib auf, Murat: Spur des vergifteten Fisches verfolgen!"

„Bin schon unterwegs", antwortet Murat. Der Schweiß rinnt ihm von der Stirn. Er ist schließlich seit Stunden auf Achse.

Als Kugelblitz und Selim Süleyman über den Palasthof laufen, um sich ein kühles Getränk zu kaufen, klingelt das Handy des Inspektors.

„Wir haben eine erste Spur", verkündet Süleyman nach einem kurzen Telefonat. „Murat hat in der Besenkammer neben dem Personalbüro eine rotblonde Perücke gefunden."

Nun die Fragen an alle Detektive, die nicht nur bei den Zeugenaussagen genau aufgepasst haben:

- Der Museumswärter beschreibt die verdächtige Touristin mit sieben Merkmalen. Nenne mindestens drei davon.
- „Schreib auf, Murat!", sagt Inspektor Süleyman immer zu seinem Assistenten. Welche drei wichtigen Dinge hält Murat im Protokoll fest?
- Warum vermutet Kugelblitz, dass der Hausmeister Sivas nicht in der Mittagshitze auf dem Motorrad vom Hafen herbeigebraust ist, wie er behauptet?
- Zum Schluss noch eine Frage für Spezialisten: Wie heißt das Gotteshaus der Muslime?

4. Im Kaffeehaus

In der Hinterstube des kleinen Kaffeehauses *Marmara* in Istanbuls Altstadt sitzen am selben Tag drei Männer an einem der niedrigen Marmortische. Sie rauchen gemeinsam mit sichtlichem Genuss eine der landestypischen Wasserpfeifen.

Diese Wasserpfeifen wurden im Basar und in den Kaffeehäusern schon geraucht, als Istanbul noch Konstantinopel oder später Byzanz hieß und die mächtige Hauptstadt eines Weltreiches war, das sich über den gesamten östlichen Mittelmeerraum erstreckte.

Das kleine Lokal *Marmara* verdankt seinen Namen der gleichnamigen Insel, deren Steinbrüche einst den kostbaren Marmor für die Paläste und Moscheen der Stadt lieferten.

Die drei Männer verbindet nicht nur die gemeinsame Wasserpfeife, sondern auch

manches dunkle Geschäft. Sie heißen Ali,
Hasan und Ömer. Ali ist offiziell Blumenhändler, aber seine Hauptgeschäfte blühen
eher im Dunkeln. Er kennt den Basar wie
seine Hosentasche und wittert ein lohnen-
des Geschäft wie eine Biene den Nektar.
Während Ali wie das blühende Leben aus-

sieht, ist Ömers Gesichtsfarbe fahl und blass. Das hängt damit zusammen, dass er bis vor Kurzem nur „gesiebte Luft" atmete, weil er hinter Gefängnisgittern saß.

Der behäbige Hasan bringt gut das Doppelte von Ömer auf die Waage. Hasans Kleidung merkt man an, dass er wohl-

habend ist. Er trägt altmodische Pluder-
hosen, einen Kaftan und einen Turban und
hat einen gepflegten dunklen Bart. Man
kann sich keinen größeren Gegensatz zu
dem mit Jeans und T-Shirt modern und
sportlich gekleideten Ali vorstellen. Trotzdem haben die beiden schon manches
Ding erfolgreich miteinander gedreht. –
Im Gegensatz zu Ömer haben sie sich nur
nicht erwischen lassen! Und jetzt haben
sie bei dem Diamantendiebstahl auch die
Hände mit im Spiel.

„Ihr hättet sie sehen sollen", kichert Ali. „Sie
sah echt heiß aus, als ich sie am Hinterausgang des Palastes abgeholt habe. Ihr
hättet gewettet, dass sie eine waschechte
Putzfrau ist. Ich hab ein Foto mit meinem
Handy gemacht."

„Lass mal sehn", fordert Hasan und greift
nach dem Handy.

„Boah, unglaublich!", grunzt er und nimmt noch einen tiefen Zug aus der Wasserpfeife. „Wenn man bedenkt, wie hübsch sie als Bauchtänzerin in meinem Nachtclub aussah."

„Wird sie dichthalten?", erkundigt sich Ömer und kratzt sich mit dem hageren Zeigefinger unter seinem schäbigen Turban am Hals.

„Sie wird! Schließlich hängt sie dick mit drin. Ein paar Jahre Gefängnis wären ihr sicher. Schließlich war sie es, die den Stein aus der Vitrine geklaut hat", grinst Ali.

„War gar nicht so einfach, sie dazu zu überreden. Ich musste ihr bei Turgut, dem Juwelier, eine teure Brillantuhr kaufen“, seufzt Hasan. „10 000 Euro sollte das Stück kosten. Ich hab ihn allerdings um ein Viertel heruntergehandelt! Türkische Lira wollte er nicht haben …“

„Hast du denn schon mit dem Emir telefoniert?“, fragt Ömer.

„Hab ich. Eigentlich wollte er ja den größten Diamanten der Welt haben. Jetzt ist es nur der größte aus der Schatzkammer des *Topkapı*-Palasts. Da klang er ein wenig enttäuscht“, brummt Hasan.

Ali tippt sich an die Stirn und sagt: „Leicht bescheuert, dieser Emir! Der hat ja keine Ahnung: Der größte geschliffene Diamant der Welt ist der *Stern von Afrika*. Er gehört zu den englischen Kronjuwelen und liegt im Tower von London. Da kommen wir beim besten Willen nicht ran!“

„Drei Millionen für einen Klunker",
murmelt Ömer und streicht über seinen
Bart. „Der Emir tickt echt nicht richtig!"

„Er will den Stein als Hochzeitsgeschenk
für seine Braut, eine indische Filmschauspielerin. Außerdem kann er kaum laufen
vor Geld in den Taschen", bemerkt Ali.

„Der hatte bestimmt als Kind schon eine
Ölquelle im Garten", vermutet Hasan.

„Mann, die könnte ich auch gebrauchen!",
seufzt Ömer, der seit seiner Entlassung in
einer Holzhütte am Stadtrand lebt.

„Du hast ja nicht mal einen Garten",
spottet Ali.

„Oh, immer langsam. Das ist nur noch
eine Frage der Zeit. Wenn wir das Geld
für den Stein haben, ist jeder von uns
mindestens um eine halbe Million reicher",
entgegnet Hasan.

„Ob wir das Geld jemals kriegen?",
zweifelt Ömer.

41

„Der Kurier aus dem Emirat kommt morgen. Zusammen mit einem Juwelier, der die Echtheit des Steins überprüfen soll", beruhigt ihn Ali.

„Soll er kommen! Der Stein ist so echt wie mein Goldzahn", prahlt Hasan und nimmt noch einen tiefen Zug aus der Wasserpfeife.

„Und wann kriegen wir unsere Kohle?", fragt Ömer und kratzt sich wieder am Hals unterm Turban.

„Spätestens am Tag der Hochzeit. Ein Kurier teilt mir morgen die Bedingungen für die Übergabe mit", berichtet Ali. „So ist es mit Mehmet Paşa abgesprochen."

„Passt mir gar nicht, dass Paşa wieder die Pfoten mit im Geschäft hat", knurrt Ömer. „Schließlich war er schuld daran, dass ich letztes Mal in den Knast musste!"

Aber wenn Ömer an die reiche Beute denkt, die ihm seine Beteiligung an dem

42

Diebstahl einbringen wird, ist sein Ärger
über Paşa schon wieder verflogen.

Hier die Fragen an alle Detektive, denen
auch der Rauch einer Wasserpfeife nicht
den Verstand vernebelt:

- Unter welchen zwei Namen war Istanbul
  früher bekannt?
- Wer ist Ali, wer Ömer und wer Hasan?

- Wie viel Euro hat Hasan für die Brillantuhr der Tänzerin bezahlt?
- Zum Schluss noch eine Frage für
  Spezialisten: Wo befindet sich der
  größte geschliffene Diamant der Welt?

43

5. Die siebte Tänzerin

„Heute gibt es *biber* zum Abendessen, lieber Isy", verkündet Selim lächelnd.

„Biber?", vergewissert sich KK und zieht die linke Augenbraue hoch. „Hab ich noch nie gegessen."

„Wetten doch? *Biber* heißt auf Deutsch ‚Paprika'", erklärt der Inspektor. „Und dazu gibt es *patates* und *domates.*"

„Kartoffeln und Tomaten?", überlegt KK.

„Genau. Dein Türkisch wird immer besser", ruft Suleyka vergnügt. „Ich hoffe, du vermisst nicht den deutschen Schweinebraten. Du weißt ja, dass wir Muslime kein Schweinefleisch essen."

„Den vermisse ich keineswegs", sagt Kugelblitz. „Zumal ich dringend auf meine Figur achten muss, weil mir die leckeren Süßspeisen bei euch so gut schmecken. Außerdem liebe ich Gemüse und Salat."

„Hoffentlich schmecken dir meine *köfte*", sagt Suleyka. Sie verteilt die Hackfleisch-

bällchen auf die Teller. „Sie sind aus Rind-
fleisch – mit vielen Gewürzen."

„Mhm – ausgezeichnet!", lobt Kugelblitz
die türkische Spezialität.

Zufrieden stellt Suleyka fest, dass ihrem
Gast nicht nur die *köfte* schmecken.

„*Doydum* – ich bin satt", seufzt Kugelblitz schließlich zufrieden.

„Wie weit seid ihr heute mit euren Ermittlungen gekommen?", erkundigt sich
Suleyka. „Habt ihr schon herausgefunden,
wem diese rotblonde Perücke gehört?"

45

„Vermutlich der Touristin, die sich kurz vor Schließung des Museums so auffallend für die Schatzkammer interessierte. Der Wärter meinte jedenfalls, ihre Haare hätten genau diesen Farbton gehabt", antwortet ihr Mann.

„Vielleicht war es dann gar keine Ausländerin", überlegt Suleyka. „Jeder könnte unter der Perücke gesteckt haben."

„Wir versuchen gerade herauszufinden, woher die Perücke stammt. Murat befragt die Friseure der Stadt", erklärt Selim.

„Keiner, der so einen Coup plant, kauft die Perücke bei einem Friseur", vermutet Suleyka. „Das wäre zu auffällig. Übrigens: Wie geht es der Putzfrau mit der Fischvergiftung?"

„Besser. Aber sie hat mit der Sache sicher nichts zu tun", vermutet Selim. „Es ging ihr so schlecht, dass sie den ganzen Tag Infusionen bekam. Sie hätte das

Krankenhaus zur Tatzeit unmöglich ver-
lassen können."

„Wisst ihr, wo sie den Fisch gekauft
hat?", will Suleyka wissen.

„Der Fisch ist mit einem Boten geschickt
worden. Der Fischhändler heißt Yusuf.
Er schwört hoch und heilig, er habe selbst
von dem Thunfisch gegessen. Das Gift
muss also später hineingeraten sein",
erklärt Selim.

„Kombiniere: Da hat jemand die Frau
absichtlich aus dem Verkehr gezogen",
murmelt Kugelblitz.

Am nächsten Morgen steht Murat mit inte-
ressanten Nachrichten vor der Tür: „Keiner
der Friseure, die wir angerufen haben, hat
eine rotblonde Perücke verkauft, Chef.
Aber ein Händler für Theaterbedarf hat vor
einigen Woche sieben rotblonde Perücken
an eine Bauchtanzgruppe geliefert, die in

47

einem Nachtlokal namens *Tulipan* in der Altstadt auftritt. Der Verkäufer hat die Perücke zweifelsfrei wiedererkannt."

„Dann fahr uns sofort zum Nachtclub *Tulipan*, Murat!", brummt Inspektor Süleyman und steigt zusammen mit Kugelblitz in den Wagen.

Das Nachtlokal liegt in einer der engen Altstadtgassen. Als sie dort ankommen, ist alles abgeschlossen.

„Die stehen tagsüber nie vor elf Uhr auf", ruft ein Nachbar aus dem Fenster. „Der Geschäftsführer wohnt da drüben. Er heißt Hasan." Der Mann deutet auf ein großes, weiß verputztes Haus mit blau gestrichenen Fensterrahmen.

Erst nach mehrmaligem Klingeln erscheint ein verschlafener Mann im Morgenrock an einem Erkerfenster im ersten Stock.

„Polizei?", fragt Hasan erschrocken.

„Ich komme!" Er schlüpft hastig in seine Pantoffeln und läuft die Treppe herunter.

„Was ist los? Haben sich die Nachbarn mal wieder wegen der Musik beschwert?"

„Nein. Wir haben nur eine kleine Bitte: Dürfen wir uns mal die Garderobe der Tänzerinnen ansehen?", fragt der Inspektor.

„Warum? Die Damen sind doch jetzt gar nicht da", wundert sich der rundliche Mann.

„Es geht um – äh – gewisse Kostümteile", erklärt Süleyman.

Hasan schlurft auf seinen herunter-
getretenen Samtpantoffeln durch eine
schmale Gasse in einen Hinterhof.

„Wir nehmen den Hintereingang", murmelt er und geht auf eine graue Stahltür

51

zwischen zwei Mülltonnen zu. Er klimpert
mit seinem riesigen Schlüsselbund und
fahndet nach dem Sicherheitsschlüssel.
Das Geräusch stört eine Ratte beim Frühstück. Mit einem Satz flüchtet sie aus dem
Müllbehälter.

„Sieh da, eine Ballettratte", schmunzelt
Kugelblitz.

Die Tür an der kleinen Pforte öffnet sich
quietschend. Sie betreten einen schmalen
Flur mit vielen Türen.

„Links ist die Garderobe für den Zauberer,
den Jongleur und die Assistenten der beiden. Danach kommt die Herrentoilette,
dann der Geräteraum. Geradeaus ist der
Bühneneingang", erklärt Hasan und zwängt
sich durch den schmalen Flur. „Rechts

daneben befindet sich die Putzkammer und dann die Damentoilette. Anschließend kommt eine kleine Teeküche. Die Garderobe für die Tänzerinnen ist hinter der ersten Tür rechts. Leider ist sie meist nicht aufgeräumt. Die Mädchen sind ziemlich unordentlich."

„Trotzdem würden wir gern hineinsehen", fordert der Inspektor.

Mürrisch steckt Hasan den Schlüssel ins Schloss.

Gleich als das Licht aufflammt, entdecken die beiden Detektive, was sie suchen: rotblonde Perücken! Sie liegen zwischen den Tanzkleidern und gleichen der Perücke, die sie in der Putzkammer des Palastes gefunden haben, buchstäblich aufs Haar.

„Es sind sechs", stellt Kugelblitz fest.

„Wir haben ja auch sechs Tänzerinnen", erklärt der Geschäftsführer.

„Hübsche Mädchen", meint der Inspektor und deutet auf das Poster an der Wand. „Dürfen wir das Plakat mitnehmen?"

Hasan zögert.

„Sie bekommen es bald zurück", verspricht Süleyman. Er weist Murat mit einer Handbewegung an, das Poster von der Wand zu nehmen.

Auf dem Rückweg zum Auto sagt der Inspektor gut gelaunt: „Mein lieber Murat,

54

du gehst heute Abend ins *Tulipan* und
siehst dir den Auftritt der Tänzerinnen an."

„Manchmal liebe ich meinen Beruf", freut
sich Murat. „Aber ich weiß natürlich, dass
ich nicht zum Spaß dort hingehen soll."

„Kluges Kerlchen", schmunzelt Inspektor
Süleyman.

Hier die Fragen an alle Detektive, die bei ihren Ermittlungen nicht nur die Ohren, sondern auch die Augen offen halten:

- Warum weiß Kugelblitz, dass Hasan lügt?
- Was soll Murat im *Tulipan* herausfinden?
- Wofür braucht die Polizei das Poster?

Und noch zwei Fragen an alle Detektive, die auch im Orient nicht so leicht die Orientierung verlieren:

- Wie viele Türen hat der Flur im Nachtclub *Tulipan?*
- Welche ist die letzte Tür auf der linken Seite, wenn man den Flur wieder verlässt?

6. Fahndung nach Hatiçe

Es ist ein Leichtes für den gut aussehenden Murat, in der Pause der Tanzvorführungen mit einem der Mädchen ins Gespräch zu kommen. Schnell findet er den Namen der siebten Tänzerin heraus.

„Sie heißt Hatiçe", sagt die Tänzerin. „Sie ist die zweite von links auf dem Bild. Aber sie ist seit ein paar Tagen nicht mehr bei uns. Sie hat einen reichen Onkel beerbt – das hat sie wenigstens behauptet."

Früh am nächsten Morgen scannt Murat im Kommissariat das Poster der Tänzerinnen ein. Er kopiert Hatiçes Kopf, vergrößert das Bild und druckt es aus. Dann macht er sich mit dem Foto auf den Weg zum Großen Basar.

Murat erfährt allerhand: von fernöstlichen Drogenhändlern, die sich im Kleiderbasar herumtreiben, und von gefälschten Rolex-Uhren bei den Goldhändlern. Außerdem hört er von Euro-Blüten, die bei den Blumenhändlern zu bekommen sind und mit denen leichtgläubige Touristen hereingelegt werden, denen man einen günstigen Dollar-Wechselkurs vorgaukelt. Und auch der gestohlene Diamant ist Tagesgespräch. Aber von den Diamantendieben weiß angeblich keiner etwas.

Im Basar der Teppichhändler trifft Murat die junge Ayşe am Knüpfstuhl. Der Teppich, den sie knüpft, soll für ihre Hochzeit sein. Viele Jahre knüpft sie schon Tausende von feinen Seidenknoten. So will es die Tradition in dem Teppichknüpferdorf, aus dem sie stammt. Ihre Mutter, Großmutter und Urgroßmutter zeigen noch heute stolz ihren Hochzeitsteppich herum.

„Ich nehm dich auch ohne Teppich",
scherzt Murat, der das hübsche Mädchen
schon lange kennt.

Ayşe wird rot und sagt: „Du weißt, dass
du das nicht sagen sollst. Ich bin Ahmet
versprochen, seit ich laufen kann."

„Dann solltest du ihm weglaufen", entgegnet Murat.

„Jetzt aber fort mit dir! Ahmet ist ein guter Mann. Aber er ist sehr eifersüchtig. Wenn er dich hier findet, macht er *armut kompostosu* aus dir!" Sie droht lachend mit dem Zeigefinger.

In diesem Augenblick kommt Ahmet in die Werkstatt.

„Was suchst *du* denn hier?", fragt er finster.

„Ermittlungen", antwortet Murat.

„Und was ermittelst du?"

„Ich suche eine hübsche Frau …"

„Lass bloß die Finger von Ayşe!", ermahnt ihn Ahmet wütend.

„Ich suche diesmal eine ganz bestimmte Dame", erklärt Murat und zieht verschmitzt das Foto der Tänzerin aus der Tasche. „Habt ihr die vielleicht schon einmal gesehen?"

„Nein", behauptet Ahmet grimmig, ohne auch nur einen Blick auf das Bild zu werfen.

„Doch!", ruft Ayşe. „Erinnerst du dich nicht, Ahmet? Sie war bei Turgut, dem Goldhändler, als du mir dort die Ringe gezeigt hast."

Widerwillig wirft Ahmet einen Blick auf das Bild und stellt fest: „Tatsächlich! Der fette Hasan hat ihr eine teure Uhr gekauft. So teuer, dass wir sie uns nie leisten könnten."

„Welcher Hasan?"

„Na, der, dem das *Tulipan* gehört."

„Sehr interessant", sagt Murat. „Den werd ich mir mal vorknüpfen – äh – vorknöpfen." Und dann verlässt er eilig die Teppichknüpferei. Das riecht nach einer verflixt heißen Fährte!

61

Jetzt die Fragen an alle superklugen Detektive, die sich auch mal eine schwere Knüpfaufgabe vorknöpfen:

- Im Basar gibt es beim Blumenhändler im Augenblick ganz besondere Blüten. Was ist damit gemeint?
- Ayşes Hochzeitsteppich „Tausendundeine Blüte" soll 1,20 Meter breit und 1,80 Meter lang werden. Für eine Reihe (1,20 m) braucht sie 4 Stunden. Wie viele Stunden braucht sie für den ganzen Teppich, wenn sie pro Zentimeter Länge 10 Reihen knüpfen muss?

7. Die Geheimbotschaft

Am Montag beim Frühstück ruft der
Museumsdirektor an und klagt: „Lieber
Selim, der *Kaşıkçı*-Diamant bereitet mir
schlaflose Nächte. Seid ihr mit euren
Ermittlungen weitergekommen?"

„Beruhige dich, Hikmet. Der Diamant
ist praktisch unverkäuflich", tröstet ihn
Inspektor Süleyman. „Schließlich stand in
allen Zeitungen, dass er gestohlen wurde.
Er steht auf der roten Fahndungsliste von
Europol und Interpol. Und alle Juwelen-
händler, die genug Geld hätten, um ihn zu
kaufen, wissen davon."

Nachdem Selim sein Telefongespräch beendet hat, meint Kugelblitz: „Die Tatsache, dass nur dieser eine Stein gestohlen wurde und keine der anderen Kostbarkeiten der Schatzkammer, verrät doch, dass es sich um einen Auftragsdiebstahl handelt."

„Aber wer könnte einen Diamanten wollen, den er niemandem zeigen kann, weil jeder weiß, dass er gestohlen wurde?", wundert sich Suleyka.

„Der wertvollste Stein aus dem *Topkapı-Palast*", grübelt Kugelblitz. „Das könnte einen verrückten Sammler reizen. Einfach so. Oder er ist als Geschenk für die Lieblingsfrau eines reichen Sultans gedacht, die sich nie damit in der Öffentlichkeit zeigen wird."

„Klingt wie aus einem Roman. Aber vielleicht gar kein schlechter Gedanke", räumt Selim ein.

„Wie viele reiche Männer gibt es, die sich so ein teures Geschenk leisten könnten?", wundert sich Suleyka.

„Mehr als du denkst", antwortet Selim. „Denk nur an japanische, indische oder chinesische Industriebosse, an reiche Stars oder Sportler, an verrückte amerikanische Millionäre oder an die reichen Scheichs in den Ölländern."

Wieder klingelt das Telefon. Murat berichtet, dass die Putzfrau die Fischvergiftung gut überstanden hat. Der Rest ihrer Familie war ebenfalls erkrankt, bis auf die Kinder, die keinen Fisch mögen.

„Der Fisch, von dem die Frau krank geworden ist, ist bei den Leuten abgegeben
worden. Der Bote sagte, es sei ein
Geschenk des Schwagers. Der Schwager
weiß allerdings nichts davon. Der Bote war
ein Junge, ungefähr zwölf Jahre alt. Ich
hab ihn nach der Beschreibung im Basar
gefunden, wo die Botenjungen stehen. Er
erinnert sich an den Auftrag. Ein schlanker
junger Mann mit braunen Haaren und
glattem Gesicht hat ihm den Fisch übergeben. Der Schwager trägt aber einen
Bart und ist rundlich", erzählt Murat dem
Inspektor.

„Also hat jemand den vergifteten Fisch
absichtlich geschickt, um die Frau von
ihrem Job fernzuhalten, damit jemand
anderes in ihre Rolle schlüpfen konnte.
Das passt in unser Puzzle", nickt Kugelblitz, als ihm Selim von den Erkundungen
Murats berichtet. „Die Tänzerin mit der rot-

blonden Perücke hat die Rolle der fotografierenden Touristin gespielt. Sie hat
sich anschließend irgendwo im Palast
versteckt, bis gegen 18 Uhr die Putzfrauen
kamen, und ist dann unbemerkt in die
Klamotten der dritten Putzfrau geschlüpft.
Während sie die Scheiben der Vitrinen
putzte, hat sie in einem unbeobachteten
Augenblick das Schmuckstück gestohlen.
Der Alarm war ja abgeschaltet. Danach
hat sie sich wieder versteckt, bis die Luft
rein war."

„So muss es gewesen sein", stimmt
Selim zu. „Irgendjemand muss sie dann
am Abend herausgelassen haben."

„Oder sie hatte einen Schlüssel zur Hin-
terpforte", überlegt Suleyka. Dann holt sie
frischen Kaffee und noch einen Teller mit
duftenden Croissants.

„Wir müssen herausfinden, ob Hausmeister Sivas tatsächlich beim Fischen

war, wie er behauptet", meint Kugelblitz, als sie zurückkommt. Und dann berichtet er von seinem Verdacht.

„Das Hemd war nicht verschwitzt und zerknittert? Die Frisur nicht vom Helm zerdrückt? Er roch nicht nach Fisch, sondern nach Rasierwasser? Nun, jetzt wo du es sagst, fällt es mir auch auf", stimmt Selim nachdenklich zu. „Murat wird sich um das Alibi des Hausmeisters kümmern."

„Der arme Murat", murmelt Suleyka. „Der hat ganz schön viel zu tun!" Dann wendet sie sich an Kugelblitz und sagt: „Weißt du eigentlich, warum das, was du gerade isst, Croissant heißt?"

„Das ist Französisch …", überlegt Kugelblitz.

„Nur der Name. *Croissant* heißt nämlich ,Halbmond'. Das Gebäck erinnert an den Halbmond, den du auch auf unseren Moscheen und Flaggen siehst."

68

„Interessant", sagt Kugelblitz. „Ich lerne täglich dazu!"

Das Telefon klingelt schon wieder und Suleyka geht hinaus in den Flur.

Inspektor Süleyman, der sein Croissant längst verdrückt hat, ist in Gedanken wieder beim *Kaşıkçı*-Fall. „Eigentlich fehlen uns jetzt nur noch zwei Kleinigkeiten: die Diebin und der Diamant. Übrigens: Murat hat nicht nur herausgefunden, dass die siebte Tänzerin Hatiçe heißt, sondern auch, dass der Besitzer des Nachtlokals *Tulipan* ihr kurz vor der Tat eine teure Uhr gekauft hat."

„Und woher weiß er das?", wundert sich Kugelblitz.

Selim lächelt nachsichtig. „In einem orientalischen Basar sprechen sich solche Dinge rasch herum. Und unser tüchtiger Murat hat seine Ohren überall."

„Soso, Hasan, der Nachtclubbesitzer!
Nun, der kam uns ja gleich nicht geheuer
vor. Und wenn er einer Tänzerin eine so
teure Uhr kauft und diese kurz darauf nicht
mehr bei ihm arbeitet, dann ist das mehr
als verdächtig", brummt Kugelblitz.

„Zumindest ist er nicht so unschuldig, wie
er tut", stimmt ihm Selim zu. „Ich habe in
unserer Datenbank nachgesehen: Es gab
mehrmals Anzeigen wegen Ruhestörung
und Verdacht auf Drogenhandel gegen den
Besitzer vom *Tulipan*. Aber wir konnten ihm
bisher nichts nachweisen. Wir lassen ihn
ab sofort rund um die Uhr beobachten."

Jetzt werden sie von Suleyka unter-
brochen, die zurückkommt.

„Hier ist die Kühlbox mit dem Mittag-
essen. Was seht ihr mich so an? Ich denke,
ihr wollt zum Angeln. Schon vergessen?"

„Äh, nein, natürlich nicht", behauptet
Selim schnell.

„Der Fischer Sardunya hat angerufen. Das Boot wartet schon seit einer halben Stunde im Hafen", sagt Suleyka. „Soll ich euch hinfahren?"

„Großartige Idee", entgegnet Selim. „Wo ist meine Angelausrüstung?"

„Alles schon im Auto", seufzt Suleyka. „Nun beeilt euch!"

„Wenn ich dich nicht hätte", sagt Selim und gibt ihr einen Kuss.

Eine halbe Stunde später steuert der Fischer Sardunya mit den beiden Detektiven auf seinem neuen Motorsegler auf den Bosporus hinaus. Bei dem herrlichen Wetter sind viele Freizeitkapitäne in Richtung Marmarameer unterwegs.

„Der September ist zum Hochseefischen günstig", verrät der alte Fischer. „Um diese Zeit wandern die Bonito-Thunfische aus dem Schwarzen Meer ins Mittelmeer."

„Hier ist es gut", sagt der alte Fischer und
stoppt den Motor schließlich in der Nähe
der Prinzeninseln. „Hier hab ich meistens
Glück. Hier wachsen Algen, die unsere
Fische besonders gern mögen."

Und dann werfen Kugelblitz und Selim
die Angelschnüre aus und fachsimpeln
über Fische und Anglerglück, als gäbe es
keinen Diebstahl im *Topkapı*-Palast.

Ringsum ist es still. Die Schwimmer treiben auf dem ruhigen Meeresspiegel. Schon nach einer Stunde kann sich der Fang sehen lassen: eine Meeräsche, ein Blaubarsch, ein Seebarsch, eine Rotbrasse und ein Steinbutt.

„So hab ich mir meinen Urlaub vorgestellt", seufzt Kugelblitz und blinzelt zufrieden in die Sonne. Seine Haut brennt

73

von der Sonne und der salzigen Meerluft. Während der Fischer den Fang in Kühlbehälter packt, reibt Kugelblitz seine empfindliche Denkerstirn mit Sonnencreme, Lichtschutzfaktor 60, ein. Das kann aber einen kleinen Sonnenbrand leider nicht mehr verhindern.

„Wie egal einem plötzlich sämtliche Diamanten der Welt sind", grinst Selim und steckt ein Stück gesalzenes Hühnerfleisch als Köder an den Angelhaken. „Die Fliegen, die du mir mitgebracht hast, sind hervorragend, Isy. Aber das hier mögen unsere Fische lieber als alles andere." Er lächelt und deutet auf das Glas mit dem Hühnerfleisch.

Der Erfolg gibt ihm recht. Ein heftiger Ruck verrät, dass ein dicker Fisch angebissen hat.

Ausgerechnet in diesem Augenblick klingelt Selims Handy.

„Vermutlich ein großer Bonito! Zieh du den Burschen raus!", ruft der Inspektor aufgeregt und übergibt Kugelblitz hastig die Angel.

Während KK gemeinsam mit Sardunya den Thunfisch an Bord hievt, lauscht Selim gespannt dem Bericht seines Assistenten: „Wir haben das Telefon im Nachtclub überwacht und eine codierte SMS von Hasan abgefangen, Chef. Ich hab sie auf Ihr Handy weitergeleitet."

Wenig später erscheint die Geheimbotschaft auf dem Display:

„Hmm, ein ziemlich einfacher Code …“, murmelt Selim.

Nun die Fragen an alle leichtfüßigen Detektive, die falschen Spuren nicht auf den Leim gehen:

- Warum sind Süleyman und KK der Meinung, dass der gestohlene Diamant nur schwer verkäuflich ist?
- Welches Symbol kannst du auf der türkischen Flagge und den Moscheen entdecken?
- Wie lautet die entschlüsselte Botschaft der SMS?
- Zum Schluss noch eine Frage für Spezialisten: Wie nennt man in orientalischen Ländern den Markt, auf dem gefeilscht und gehandelt wird?

8. In der Boutique am Hafen

Die Tänzerin Hatiçe kleidet sich in der kleinen Boutique am Hafen ganz neu ein. Hübsch sieht sie aus mit ihren dunklen Haaren, den braunen Augen und der schmalen, sportlichen Gestalt, als sie sich im dunkelroten Hosenanzug vor dem Spiegel dreht. Den wird sie auf dem Flug nach Kalifornien anziehen. Das edle schwarze Top wird dafür sorgen, dass sie auch ohne Jacke umwerfend gut angezogen ist. Ihre Schwester arbeitet als Kostümbildnerin bei *Universal Film* in Hollywood.

77

Einer Filmkarriere steht da nicht mehr viel im Wege. Sie lächelt ihrem Spiegelbild zu und bezahlt dann von dem Vorschuss, den sie von Hasan bekommen hat.

Das Flugticket in ihrer Tasche gibt ihr ein sicheres Gefühl. Sie setzt ihre Sonnenbrille und den schicken Sonnenhut auf und verlässt das Geschäft. Seit Hasan sie angerufen und gewarnt hat, dass die Polizei nach den Tänzerinnen gefragt hat, ist sie doppelt vorsichtig. Aber mit dem Hut und der Brille wird sie niemand erkennen.

Sie kommt an einem Zeitungsstand mit internationaler Presse vorbei und bleibt überrascht stehen: *Spoonmaker's Diamond – The True Story*, steht auf der Titelseite der *New York Times* in großen Buchstaben.

Hatiçe versteht sofort, dass auch in den ausländischen Zeitungen ausführlich über den gestohlenen Diamanten berichtet wird.

Sie kauft ein Exemplar der Zeitung und liest sofort den Bericht. *Inşallah!* Sie hat die Perücke in der Besenkammer vergessen! Hasan wird wütend sein, wenn ihm das zu Ohren kommt. Zum Glück trifft sie ihn nicht mehr vor ihrer Abreise.

Hatiçe liest weiter und erfährt, weshalb der Diamant im Ausland den Spitznamen *Spoonmaker*, also „Löffelmacher", trägt.

Es ist eine spannende Geschichte: Angeblich hat ein Bettler den ungeschliffenen Stein 1669 auf einer Müllhalde gefunden und bei einem Löffelschnitzer gegen drei Holzlöffel eingetauscht. Der Löffelmacher wiederum hat den unschein-

79

baren Stein gegen zehn Silbermünzen
an einen Schmuckhändler verkauft.
Dieser zeigte den Stein einem anderen
Schmuckhändler, der sogleich erkannte,
dass es sich um einen wertvollen Diamanten handelte. Die beiden Männer ge-
rieten in Streit, da der zweite Händler den
Fund öffentlich bekannt machen wollte.
Ein dritter Schmuckhändler kaufte darauf-
hin den Stein und gab jedem der beiden
Streithähne einen Beutel voll Geld. Aber
dann erfuhr der Großwesir des Sultans
Mehmet IV von dem Stein und berichtete
seinem Herrn davon. Auf dessen An-
weisung hin wurde der Diamant in den
Palast gebracht. Ob und was der Sultan
dafür bezahlt hat, ist nicht bekannt …

Hatiçe schmunzelt. Nun, an dem Stein
haben ja schon viele Leute verdient. Und
ihr hat er auch ein hübsches Sümmchen
eingebracht. Dazu eine Brillantuhr und das

Flugticket ans andere Ende der Welt: nach Los Angeles. Sie angelt ihr Handy aus der Tasche und versucht ihre Schwester zu erreichen. Aber die geht nicht ans Telefon. Hatiçe sieht auf die Uhr. Komisch, es ist jetzt genau 14 Uhr. Um diese Zeit ist ihre Schwester doch sonst immer im Büro.

Hier die Fragen an alle Detektive, die stets wissen, was die Stunde geschlagen hat:

- Wie sieht Hatiçe jetzt aus? Beschreibe sie für den Polizeibericht.
- Was erfährt Hatiçe über den Diebstahl aus der Zeitung?
- Was hat der gestohlene Diamant mit einem Löffelmacher zu tun?
- Warum geht Hatiçes Schwester nicht ans Telefon?

9. Abenteuer im Dampfbad

Inspektor Süleyman liest immer wieder den Zettel mit der entschlüsselten Geheimbotschaft und murmelt: „Da stinkt doch was, Isidor! ‚Messer' ist garantiert ein Codewort. Bestimmt handelt es sich um Waffen. Für die Übergabe ist wohl das Schiff *Perle des Orients* vorgesehen. Waffen für drei Millionen! Das klingt gefährlich."

„Wem gehört das Schiff?", erkundigt sich Kugelblitz.

„Dem reichen Emir von Dabay. Neulich las ich einen Bericht in der Zeitung. Sein Schiff ist praktisch ein schwimmender Palast. Es ankert im Augenblick in der Nähe der Prinzeninseln", erklärt Selim.

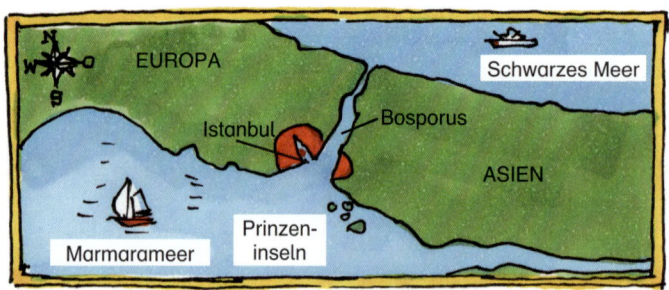

„Also ganz in unserer Nähe", brummt Kugelblitz. „Denkst du, was ich denke?"

„Genau", stimmt Selim zu. Und dann weist er den Fischer Sardunya an, Kurs auf die *Perle des Orients* zu nehmen.

Zur gleichen Zeit genehmigt sich Inspektor Süleymans Assistent Murat einen rabenschwarzen, aber zuckersüßen Mokka im Kaffeehaus und liest die Tageszeitung *Hürriyet.* Er beschließt, anschließend noch mal bei Ayşe vorbeizuschauen.

Als er die Zeitung zusammenfaltet, entdeckt er Ali, den Rosenverkäufer, der gerade das Lokal betritt. Der kommt wie gerufen. Er kennt sich in den Nachtlokalen der Stadt bestimmt gut aus, weil er überall seine Blumen verkauft.

Murat steht auf und zeigt Ali das Bild von Hatiçe. Der betrachtet es, stutzt einen Augenblick und schüttelt dann den Kopf.

Mit treuherzigem Augenaufschlag versichert er, dass er dieses Mädchen noch nie gesehen hat.

„Hätte ja sein können", meint Murat. Er legt die Münzen für seinen Kaffee auf den Marmortisch und verlässt das Lokal.

Ali sieht ihm mit finsterem Blick nach und greift nach seinem Handy.

Murat geht in die Teppichknüpfergasse.

„Du schon wieder", begrüßt ihn Ayşe und lächelt.

„Ich komme rein dienstlich", verspricht Murat. „Es geht noch mal um diese Tänzerin. Sie war also mit Hasan beim Juwelier Turgut?"

Ayşe nickt.

„Der Juwelier erinnert sich nicht mehr daran", seufzt Murat.

„Wenn die Polizei fragt, haben viele Leute ein schlechtes Gedächtnis", sagt

Ayşe. „Der alte Hasan ist in dunkle
Geschäfte verwickelt. Mit dem hat man
offiziell nicht gern zu tun. Man erzählt sich
sogar, dass er zu Mehmet Paşas Bande
gehört. Und die steckt hinter den meisten
krummen Sachen in der Stadt."

„Ich weiß", bestätigt Murat. „Wir konnten
diesem Mehmet Paşa noch nie etwas nachweisen. Er taucht auf und verschwindet
wie ein Schatten."

„Weil er immer andere für sich arbeiten
lässt. Bestimmt steckt er auch hinter dem
Diamantendiebstahl. Die Sache ist für alle
kleinen Gauner in der Stadt eine Nummer

85

zu groß. Da draußen läuft er übrigens …",
flüstert Ayşe und deutet auf einen hageren
Mann im grauen Burnus, der jetzt an der
Werkstatttür vorbeieilt – mit Ali, dem Rosenverkäufer!

„Ich muss ihm nach!", raunt Murat hastig
und folgt den beiden durch die engen
Basargassen. Dabei arbeitet es in seinem
Kopf: Er hat Ali im Kaffeehaus das Bild
von Hatiçe gezeigt. Jetzt ist Ali mit Paşa
unterwegs. Ob auch Hasan mit den beiden
unter einer Decke steckt? Der hat schließlich ein teures Geschenk für Hatiçe gekauft. Und Ali hat ein bisschen zu eifrig
versichert, dass er das Mädchen nicht
kennt …

Paşa und Ali biegen jetzt in die Pantoffelmachergasse ein. Murat hat Mühe, ihnen
zu folgen. Vorbei geht es an Tuchhändlern,
Parfümverkäufern, Kesselflickern, Anden-
kenverkäufern und Kupferschmieden.

Murat zwängt sich so rasch er kann zwischen Händlern und fotografierenden Touristen durch. Dann verliert er die beiden aus den Augen. Etwa zwanzig bunt gekleidete Amerikaner versperren ihm den Weg. Mit Unterstützung ihres Reiseleiters kaufen sie bei einem Gewürzhändler Kräutermischungen ein. Ali und Paşa sind zwischen den köstlichen Kräutern, Gewürzen, Parfums und Essenzen im wahrsten Sinne des Wortes verduftet.

„So ein Mist!", ärgert sich Murat.

Aber auch die beiden Männer, die er verfolgt, sind durch die Reisegruppe aufgehalten worden. Als Murat um die Ecke der nächsten Basargasse biegt, sieht er gerade noch, wie Paşa in einem Torbogen am Ende der Gasse verschwindet.

Murat läuft hinterher. Das Tor führt zu einem Hamam, einem der alten türkischen Dampfbäder, die seit vielen hundert Jahren aus dem Leben der Menschen im Orient nicht mehr wegzudenken sind.

Murat zögert und überlegt einen Augenblick, ob er den beiden Männern ins Badehaus folgen soll. Aber dann siegt seine Neugier.

Er betritt einen dunklen Gang. Warme, feuchte Luft schlägt ihm entgegen. Ein alter Bademeister mit zerknittertem Gesicht fordert am Eingang das Eintrittsgeld und gibt ihm zwei zerschlissene Handtücher. Mit einer deutlichen Handbewegung weist er ihm den Weg zur Männerabteilung, denn Männer und Frauen baden streng getrennt.

88

Wenig später sitzt Murat – nur mit einem Handtuch bekleidet – auf einem heißen Stein und schwitzt. Ali und Mehmet Paşa sind nur durch eine etwa zwei Meter hohe Mauer von ihm getrennt.

Das Wasserplätschern macht es nahezu unmöglich, ihr Gespräch zu belauschen. Das ist schließlich auch ein Grund, warum schon immer viele geheime Treffen in Badehäusern stattgefunden haben und Verschwörungen und Anschläge dort verabredet worden sind. An diesem Ort begegnet man sich außerdem nackt und ohne Waffen.

Murat klettert auf einen Holzschemel und späht über die Mauer. Im Dampf auf der anderen Seite sitzen *drei* Männer und der dritte ist der dicke Hasan! Sie sind so ins Gespräch versunken, dass sie den Lauscher über ihren Köpfen zum Glück nicht bemerken.

89

„Ali sagt, die Polizei ist Hatiçe auf der Spur. Wer hat da einen Fehler gemacht?", forscht Paşa in einem Ton, der keinen Zweifel zulässt, wer hier der Chef ist.

„Sie können ja wegen einer ganz anderen Sache hinter Hatiçe her sein. Aber ich dachte, es ist besser, ich rufe euch an und sag Bescheid", meint Ali.

„Wie auch immer. Wir ziehen die Sache durch. Es steht zu viel auf dem Spiel. Drei Millionen sind kein Pappenstiel. Aber Vorsicht ist die Mutter der Porzellankiste", brummt Mehmet Paşa und duscht seine Füße mit kaltem Wasser ab.

„Soll ich mich um Hatiçe – na, sagen wir mal: etwas kümmern?", erkundigt sich Hasan mit finsterer Miene.

„Lasst sie laufen. Sie fliegt zu ihrer Schwester ans andere Ende der Welt. Da kann sie uns nicht mehr gefährlich werden", rät Ali.

„Wie viel weiß Sivas?", fragt Paşa.

„Nur das Nötigste. Er hat für den Nachschlüssel 1000 Euro bekommen. Er hat
nicht gefragt, wofür wir ihn brauchen und
für wen", beteuert Ali. „Außerdem steckt er
in der Sache mit drin. Er hat schließlich
dem Botenjungen den vergifteten Fisch
übergeben. Dafür hat er noch einmal
300 Euro gekriegt."

„Na gut. Er wusste ja nicht, dass er
vergiftet war, oder?", erkundigt sich Paşa
argwöhnisch.

„Natürlich nicht", grinst Ali. „Das wird
ihm allerdings keiner glauben."

„Und wann sollen wir das Messer endlich übergeben?", fragt Hasan.

„Beim Empfang für die Hochzeitsparty.
Da fällt ein Fremder auf dem Schiff nicht
auf. Der Emir weiß, dass der Botschafter
von Tonga ihm ein kostbares Geschenk
für seine Braut mitbringen wird", erklärt

Paşa lächelnd. „Ich habe für ihn schon öfter Geschäfte erledigt. Er steht zu seinem Wort."

„Der Botschafter von Tonga? Ist der auch eingeweiht?", möchte Hasan etwas misstrauisch wissen. Denn je mehr Leute sich die Beute teilen, desto kleiner werden die Anteile.

„Na klar", lacht Paşa. „Der Botschafter von Tonga – das wirst du sein. Die bunten Gewänder eines Mannes aus der Südsee liegen schon für dich bereit. Das Messer bekommst du allerdings erst in allerletzter Minute."

„Und von wem?", fragt Hasan.

„Von Ali. Er verkauft Rosen an die Festgäste", erläutert Paşa. „Da kann er sich am unauffälligsten überall herumtreiben."

„Das Messer ist im Strauß mit den Rosen versteckt. Sobald du das Geld hast, übergibt Ali die Blumen und du steckst

Ömer das Geld zu, der unauffällig in deiner Nähe sein wird und schnellstens damit verduftet …"

„Beute rasch weitergeben: alter Taschendiebtrick", grinst Hasan.

„Was machst du denn da?", ruft plötzlich eine empörte Stimme hinter Murat. Es ist der alte Bademeister.

Murat erschrickt fast zu Tode. Er springt vom Hocker, rennt in den Ankleideraum und rafft seine Kleider zusammen. Der Bademeister schimpft hinter ihm her.

Murat läuft hinaus. Draußen bleibt er kurz
stehen und schlüpft hastig in seine Hose.
Mit nacktem Oberkörper rennt er weiter.

„Was war denn los?", erkundigt sich Hasan
beim Bademeister.
„Ein Spanner hat bei euch über die
Mauer geschaut. Da vorne läuft er!"
„Lauf hinter ihm her, Ali! Finde heraus,
wer es ist!", befiehlt Mehmet Paşa wütend.
Nur mit Bermudashorts bekleidet, nimmt
Ali die Verfolgung durch die Basargassen
auf. In der Pantoffelmachergasse entdeckt
er einen Mann mit nacktem Oberkörper,

der davonläuft. Das muss er sein! Ali rennt.
Und das nicht schlecht. Schließlich macht
er zweimal in der Woche Lauftraining bei
dem berühmten Sportclub Galatasaray.

Aber Murat schlägt einen Haken und
biegt in die Teppichknüpfergasse ein. Er
verschwindet in Ayşes Werkstatt.

„Versteck mich!", keucht er. Ayşe starrt
entsetzt auf den halbnackten Murat. Sie
reagiert aber schnell und schiebt ihn unter
den Teppich auf ihrem Knüpfstuhl. Gerade
noch rechtzeitig. Denn jetzt taucht Ali in der
Eingangstür auf.

„Ist hier ein Verrückter vorbeigerannt?
Halb nackt und ohne Hemd?", erkundigt
sich Ali atemlos.

„Der einzige Verrückte ohne Hemd bist
du", entgegnet Ayşe schlagfertig. „Mach,
dass du verschwindest. Wenn mein Ver-
lobter dich hier sieht, hat dein letztes
Stündlein geschlagen!"

Ali entfernt sich fluchend.

„Und du verschwindest auch!", befiehlt Ayşe Murat. „Was fällt dir eigentlich ein?"

Murat hat inzwischen sein Hemd angezogen und meint: „Ein wichtiger polizeilicher Einsatz! Erklär ich dir später. Es geht

97

vermutlich um Mord. Ich muss jetzt schnellstens mit Inspektor Süleyman telefonieren!"

Und jetzt die Fragen an alle Detektive, die auch im heißen Dampfbad einen kühlen Kopf bewahren:
- Was ist die *Perle des Orients?*
- Nenne drei Dinge, die du auf einem türkischen Basar kaufen kannst.
- Wie ist Sivas in den Fall verwickelt?
- Wo liegt die Insel Tonga: in der Nordsee, in der Ostsee oder in der Südsee?
- Zum Schluss noch eine Frage für Spezialisten: Wie nennt man das türkische Dampfbad?

10. Im Marmarameer

„Da liegt sie, die *Perle des Orients"*, sagt der Fischer Sardunya, als sie sich den Prinzeninseln nähern. Er reicht Kugelblitz das Fernglas.

„Wirklich eine tolle Yacht", staunt Kugelblitz.

„Der Emir von Dabay ist steinreich, oder besser gesagt: ölreich", erklärt der alte Fischer.

„Ich weiß. Er besitzt zu Hause in der Wüste jede Menge Ölquellen", ergänzt Inspektor Süleyman.

„Bei uns zu Hause gibt's höchstens Ölsardinen", scherzt der Fischer.

„Und bei mir Sonnenöl", grinst Kugelblitz, der gerade mit seiner Sonnencreme erneut den Kampf gegen den Sonnenbrand auf seiner Glatze aufgenommen hat.

„Was weißt du sonst noch über den Emir?", erkundigt sich Selim neugierig bei Sardunya.

„Er bereitet sein Hochzeitsfest vor. Soll total verliebt sein in seine Braut, eine indische Filmschauspielerin. Sie ist bei Dreharbeiten in Bollywood und reist erst morgen an", berichtet der Fischer. „Ich hab gestern einen Fernsehbericht gesehen."

„Sind das etwa schon die Festvorbereitungen?", fragt Selim und deutet auf die vielen Boote, die frische Waren anliefern.

„Genau. Nachmittags wird es ein Picknick für dreihundert Gäste zwischen den Klosterruinen auf einer der Prinzeninseln geben. Der Höhepunkt des Abends soll ein gigantisches Festessen mit einem Nachspeisenbüfett sein. Der Konditor ist ein guter Freund von mir. Er bereitet schon seit Tagen Pralinen und andere Süßspeisen zu. Außerdem werden rund hundert Jachten in den Hafen kommen und es gibt ein großes Feuerwerk", schwärmt der Fischer.

„Ein richtiges orientalisches Fest wie zu Sultan Süleymans Zeiten", murmelt Selim.

„Das kann man wohl sagen", stimmt ihm Sardunya zu. „Aber glücklicher als andere Leute sind sie deshalb nicht. Schließlich wissen wir doch, wie viele unserer mächtigen Herrscher im Verlauf der Geschichte sich und andere unglücklich gemacht haben. Viele von ihnen starben eines gewaltsamen Todes. Wer reich und mächtig ist, lebt oft gefährlich."

„Da hast du recht", seufzt Selim. Da meldet sich sein Handy mit dem neuen Klingelton aus Mozarts ‚Entführung aus dem Serail', den ihm Suleyka draufgespielt hat. Es ist Murat. Der Inspektor hört ihm aufmerksam zu. Seine Miene verfinstert sich.

Als das Gespräch beendet ist, sagt er zum Fischer Sardunya: „Sag mal, könntest du bei deinem Freund, dem Konditor, dafür sorgen, dass er zwei tüchtige Gehilfen einstellt? Ich hab da an mich und meinen Freund Isidor gedacht."

„Sie wollen wohl dem Emir in die Töpfe gucken?", grinst Sardunya.

„Nein, wir wollen den Emir unter besonderen Polizeischutz stellen", erwidert Selim ernst.

Und dann erklärt er Kugelblitz, dass vermutlich ein Mordanschlag auf den Emir geplant ist. Er berichtet von dem Gespräch, das Murat im Hamam belauscht hat.

„Moment mal", sagt Kugelblitz. „Aber müssen wir uns deshalb gleich in Küchenjungen verwandeln?"

„Es sieht so aus, als ob mit ‚Messer im Rosenstrauß' ein Attentat auf den Emir gemeint ist", befürchtet Selim.

„Oder es ist alles ganz anders ...", entgegnet Kugelblitz. Und er hat wieder einmal eine seiner berühmten Kugelblitz-Erleuchtungen. „Könnte es nicht sein, dass ‚Messer' das Codewort für ‚Löffel' ist? Wie ich von Suleyka gelernt habe, heißt ‚Löffel' auf Türkisch *kaşık*. Dass also in Wahrheit der gestohlene *Kaşıkçı*-Diamant gemeint ist?"

„Du hast recht", ruft Selim überrascht. „Das macht Sinn. Ein reicher Emir, der nach einem ungewöhnlichen Geschenk für seine Braut sucht ... Messer – Löffel – Löffelmacher ... Isidor, du bist genial! Ich wusste es immer."

„Also, dann her mit der Konditormütze",
grinst Kugelblitz. „*Den* Löffel
schnappen wir uns."

Hier die Fragen an alle Detektive, die die
Weisheit mit Löffeln gegessen haben:

• Warum ist der Emir so reich?

• Warum befindet sich der Emir mit seiner
  Jacht im Marmarameer?

• Wie wollen sich KK und Süleyman auf
  der Jacht des Emirs einschleichen?
  Was wollen sie dort tun?

• Wofür ist ‚Messer' das Codewort?

11. Auf der *Perle des Orients*

Das Meer ist am nächsten Morgen glatt und klar wie ein Spiegel. Wenn jetzt jemand beim Anblick der Schiffe den Meeresgott fragen würde: Wer ist die Schönste im ganzen Land?, würde dieser mit Sicherheit antworten: die *Perle des Orients!*

Viele Boote kreuzen neugierig um das Schiff herum, um es zu bewundern. Die Inneneinrichtung kennen die meisten Segler aus Illustrierten und Fachzeitschriften: den luxuriösen Salon, die Marmorbäder mit goldenen Wasserhähnen, den Harem, das Billardzimmer, den Multimediaraum mit der Breitbildleinwand und das riesige Schlafzimmer mit dem übergroßen Himmelbett.

Der Großvater des Emirs von Dabay zog noch als Nomade mit Salzkarawanen durch die Wüste und schlief im Zelt. Als dann Ölquellen auf dem Stammesgebiet zu sprudeln begannen, machte sein Vater

Gold aus dem Wüstensand. Leider hat er seinen Reichtum nicht lange genossen, denn er fiel einem Anschlag zum Opfer. Der junge Emir weiß genau, dass es nicht ungefährlich ist, so reich zu sein. Deshalb sind seine Leibwächter an Bord auch bis an die Zähne bewaffnet.

In der Bordküche haben die Köche und Konditoren unter ihren weißen Mützen längst rote Köpfe vor Hitze und Aufregung. Die beiden Gehilfen, die in letzter Minute dazugekommen sind, versuchen sich nützlich zu machen, so gut es geht. Kugelblitz hilft beim Dekorieren der köstlichen Marzipantörtchen. Er drückt als krönenden Abschluss jeweils eine Haselnuss in den weichen Teig.

Stolz geht der Emir auf dem Deck seiner Jacht auf und ab. Jeden Moment muss seine Braut Kareena eintreffen. Sie hat in

Indien die Dreharbeiten ihres letzten Films beendet und ist mit der 11-Uhr-Maschine in Istanbul gelandet.

Man sieht ihr nicht an, dass sie zehn Stunden Flug hinter sich hat, als sie in einem mit Blumen geschmückten Boot angefahren kommt und für eine Weile der *Perle des Orients* die Schau stiehlt.

„Just in time", seufzt der hagere englische Party-Manager Sir Percy erleichtert. Die Hauptperson ist da. Das große Fest kann beginnen.

Nach der Trauungszeremonie winkt der Emir Sir Percy zu sich und flüstert: „Sag mir sofort Bescheid, wenn der Botschafter von Tonga kommt!"

Sir Percy nickt. Selbstverständlich weiß er längst, dass der Gesandte das Brautgeschenk mitbringen wird, um das der Emir so ein großes Geheimnis macht. Hoffentlich klappt alles! Er tupft sich mit einem Spitzentaschentuch die Schweißtropfen von der Stirn.

Endlich, kurz vor dem festlichen Abendessen, kommt der erwartete Gast: eine
füllige Gestalt, die in bunte Gewänder

gehüllt ist. Der Botschafter aus der Südsee wird gleich zum Emir geleitet. Die beiden wechseln ein paar vertrauliche Worte. Jetzt ruft Hasan – denn niemand anderer verbirgt sich hinter den bunten Kleidern – Ali herbei, der mit einem großen Rosenstrauß bei den anderen Festgästen steht. Der Emir hat nur noch Augen für die Blumen, die ihm der Botschafter übergibt.

„Mit herzlichen Glückwünschen vom König von Tonga! Es sind ja ganz besondere Rosen. Viel Freude damit!"

Der Emir winkt seinen Schatzmeister herbei. Eine große Geldtasche wechselt den Besitzer. Sofort steckt Hasan unbemerkt Ömer die Geldtasche zu. Ömer hat den Auftrag, so schnell wie möglich mit dem Geld von Bord zu verschwinden.

Dann flüstert der Emir Sir Percy zu, dass er sich für einen Augenblick mit seiner Braut in den Salon zurückziehen möchte.

„Wenn es Sie nicht stört, dass dort schon das Nachspeisenbüfett mit den Törtchen aufgebaut ist", seufzt Sir Percy.

„Wir werden nicht davon naschen", beruhigt ihn die Braut lachend.

„Es sind 256 Törtchen – ich habe sie persönlich gezählt", bemerkt Sir Percy und blinzelt schelmisch.

Als das Brautpaar allein ist, verkündet der Emir: „Ich habe eine Überraschung für dich, mein Liebling!"

Er fischt ein kleines goldenes Kästchen aus dem Blumenstrauß und überreicht es Kareena. Als sie es öffnet, ist sie wie geblendet von dem Strahlen und Funkeln des Steins, in dem sich die Kristalllampen des Salons tausendfach widerspiegeln.

„So etwas Schönes hab ich noch nie gesehen", haucht sie und bedankt sich mit einem Kuss.

111

„Diese Kostbarkeit ist genau die richtige für dich, meine indische Prinzessin", schmeichelt ihr der Emir. „Ich habe nur eine Bitte: Niemand außer mir darf dich sehen, wenn du diesen Stein trägst!"

112

Draußen wird es laut. Es gibt einen Streit an der Schiffstreppe, weil Ömer von Inspektor Süleymans Polizisten verhaftet wird, die sich unauffällig unter die Hochzeitsgäste gemischt hatten. Ömer kann nicht erklären, woher er die Geldtasche hat, und muss mit aufs Polizeirevier. Der Rosenverkäufer Ali wird ebenfalls festgenommen.

„Der Mann steht unter meinem persönlichen Schutz", protestiert der dicke Botschafter von Tonga.

„Dann verhaften wir Sie gleich mit", erwidert Murat. „Denn der echte Botschafter von Tonga ist zurzeit in New York bei einer UNO-Versammlung! Wir haben soeben mit ihm telefoniert."

Sir Percy wischt sich die Schweißtropfen von der Stirn. Er gibt sich Mühe, die unangenehmen Zwischenfälle zu vertuschen.

Aber dann kommt es noch schlimmer: Einer der Konditorengehilfen kommt aus

113

der Küche und gibt sich als Inspektor Süleyman von der Istanbuler Polizei zu erkennen. Er will unbedingt das Brautpaar sprechen.

„Unmöglich!", stöhnt Sir Percy. „Die beiden wollen einen Augenblick allein sein. Dafür sollten Sie Verständnis haben!"

„Die Angelegenheit duldet keinen Aufschub", entgegnet der Inspektor und hält dem Party-Manager seinen Dienstausweis unter die Nase. „Wir brauchen von den beiden eine wichtige Information!"

Sir Percy zögert ein paar Sekunden, dann greift er zu seinem Bordtelefon und wählt die Nummer des Salons.

„Inspektor Süleyman von der Istanbuler Polizei möchte Sie sprechen, Sir. Er sagt, es sei wichtig."

Die Antwort am anderen Ende der Leitung scheint sehr unfreundlich zu sein, denn Sir Percys Gesicht verfinstert sich.

„Ich fürchte, Sie müssen ihn vorlassen, Sir. Wir sind in türkischen Hoheitsgewässern", flüstert Sir Percy halblaut in den Hörer. Dann wendet er sich wieder dem Inspektor zu: „Sie können eintreten. Aber nur ganz kurz!"

Inspektor Süleyman betritt den prächtigen Salon. Er entschuldigt sich höflich für die unangenehme Störung und sagt dann: „Wir haben Grund zu der Annahme, dass sich in diesem Raum ein wertvoller Gegenstand befindet, der dem türkischen Staat gehört."

„Das ist ja unerhört!", ruft der Emir. „Wissen Sie, was Sie da sagen? Zum Glück versteht meine Braut kein Türkisch. Sonst müsste sie ja denken, dass Sie mich verdächtigen, ein Dieb zu sein!"

„Das würde mir nie einfallen", versichert Inspektor Süleyman mit einer höflichen Verbeugung.

„Das wird politische Konsequenzen haben!", empört sich der Emir. „Denken Sie an unsere Öllieferungen!"

„Sie befinden sich in türkischen Hoheitsgewässern und es ist meine Pflicht, einem gewissen Verdacht nachzugehen", erklärt

116

der Inspektor. Er holt seinen Assistenten und sagt: „Murat, sieh nach!"

Murat ruft seine Leute herbei und untersucht den ganzen Raum.

Inspektor Süleyman geht zum Emir, der alles mit finsterer Miene beobachtet, und seufzt: „Tut mir leid, aber wir müssen auch Sie persönlich durchsuchen, Hoheit."

Der Emir ist außer sich vor Wut. „Ich habe mit diesem dämlichen Stein nichts zu tun! Und lassen Sie die Finger von meiner Braut!", faucht er wütend.

„Für Ihre Braut ist eine Kollegin zuständig", verspricht Murat.

„Dann bringen wir es so schnell wie möglich hinter uns", schnaubt der Emir verärgert und wendet sich sogleich an Sir Percy: „Lassen Sie inzwischen die Törtchen in den Kühlraum bringen. Es wäre schade, wenn sie durch das lange Herumstehen in der Wärme verderben."

117

118

Ein dicker Konditor kommt und räumt die Törtchen ab.

Während Murat mit seinen Polizisten den Raum gründlich durchsucht, lässt der Inspektor kein Auge vom Emir und seiner Braut. Aber sie finden keine Spur von dem Diamanten.

Nun die Fragen an alle Detektive, die das süße Geheimnis des Emirs lüften können:

- Warum ist sich Inspektor Süleyman ganz sicher, dass der Emir nicht so unschuldig ist, wie er tut?
- Wo ist der Stein? Ein Tipp: Kugelblitz' verschmitztes Lächeln verrät dir, dass er schon eine Idee hat …

12. Wer wiegt, gewinnt

Enttäuscht kommt Inspektor Süleyman
zu Kugelblitz in die Küche und bekennt:
„Fehlanzeige, Isidor! Wir haben den
ganzen Salon auf den Kopf gestellt und
Braut und Bräutigam durchsucht. Keine
Spur vom Stein!"

„Dann kann der Diamant nur in einem
der Törtchen sein", vermutet Kugelblitz.
„Sie sind ein ideales Versteck."

„Oje, dann werden wir jetzt 256 Törtchen
durchsuchen müssen", seufzt Inspektor
Süleyman.

„Nicht nötig", meint Kugelblitz. „Die Törtchen sind alle gleich schwer: Ich hab sie
ja selbst abgewogen. Wenn in einem der
Diamant ist, muss es schwerer sein als die
anderen."

„Willst du 256 Törtchen abwiegen? Das
dauert Stunden! Und zu Hause wartet
Suleyka schon ewig mit dem Abendessen",
stöhnt der Inspektor.

„Nein, es geht viel einfacher", sagt Kugelblitz und lächelt. „In ein paar Minuten wissen wir, in welchem Törtchen der Emir den Löffelmacher-Diamanten versteckt hat." Er deutet auf die große Küchen-waage.

Hier die Frage an alle Detektive, die sich einen Diamanten aus dem Kuchen picken wollen:

- Mit welchem Trick findet Kugelblitz das schwerere Törtchen mit dem Diamanten aus den 256 Törtchen? Wie viele Wiege-vorgänge sind höchstens nötig?

13. Ehre, wem Ehre gebührt

Hasan, Ali und Ömer werden von der Istanbuler Polizei noch am gleichen Abend einzeln verhört. Nach und nach gestehen sie, wie sie mit Sivas' und Hatiçes Hilfe an den Diamanten gekommen sind, und auch, wie die Geldübergabe vor sich ging. Von Mehmet Paşa verraten sie nichts, weil sie seine Rache fürchten.

Die Feiglinge versuchen, die ganze Schuld Hatiçe in die Schuhe zu schieben, da sie es war, die den Diamanten aus der Vitrine gestohlen hat.

Hatiçe wird am nächsten Morgen auf dem Atatürk-Flughafen verhaftet. Aber dann packt sie aus. Sie hat ein Tonband in ihrem Handtäschchen, auf dem sie das Gespräch aufge-

nommen hat, in dem Hasan sie mit dem Diebstahl beauftragt. Außerdem hat sie Hasan und Mehmet Paşa in der schummrigen Bar des Nachtlokals *Tulipan* belauscht. Sie hat diese Unterredung sogar aufgezeichnet. Hasan hat dabei die Pläne für die Räume im *Topkapı*-Palast und den Nachschlüssel für die kleine Pforte am Hinterausgang in der Nähe der Putzkammer erhalten.

„Dacht ich mir's doch, dass die geniale Planung des Diamantendiebstahls für einen Nachtclubbesitzer und eine Tänzerin eine Nummer zu groß ist", murmelt Inspektor Süleyman, als er den Haftbefehl für Mehmet Paşa ausstellt. Der ist allerdings wieder einmal längst über alle Berge.

„Das nächste Mal kriegen wir ihn", sagt Murat mit finsterer Entschlossenheit. „Da entwischt er uns nicht!"

123

Der Museumsdirektor Hikmet Kaptan ist überglücklich, als er am nächsten Tag den kostbaren Stein wieder an seinen Platz in der Glasvitrine der Schatzkammer legen kann. Er gibt einen großen Empfang im *Topkapı*-Palast, zu dem auch der Bürgermeister der Stadt kommt.

Der Bürgermeister verkündet, dass der Emir und seine Braut noch in der Hochzeitsnacht mit der *Perle des Orients* das Weite gesucht haben.

„Wir hätten das Schiff an die Kette legen können", raunt er Inspektor Süleyman zu, „aber wir fürchteten diplomatische Verwicklungen. So hat der Hafenmeister ein Auge zugedrückt. Und wir werden die Angelegenheit diskret regeln."

„Soll der Emir wirklich ungeschoren davonkommen?", fragt Inspektor Süleyman enttäuscht.

„So ungeschoren nicht! Er hat schließlich ein beachtliches Lehrgeld für seine Beteiligung an der Sache bezahlt", fügt der Bürgermeister augenzwinkernd hinzu. „Drei Millionen Euro. Auf die Rückgabe des Geldes hat er großmütig verzichtet. Das Geld soll jetzt zur Hälfte für den Ausbau der Sicherheitsvorkehrungen in der Schatzkammer des *Topkapı*-Palasts und zur Hälfte für die Erweiterung des Kinderheims am Bosporus verwendet werden. Da ist es wenigstens gut angelegt."

Und auch für die tüchtigen Detektive hat
der Bürgermeister eine Belohnung: Kugelblitz bekommt einen Orden für besondere
Verdienste und Inspektor Süleyman wird
zum Oberinspektor befördert. Der tüchtige
Murat erhält als Anerkennung für seinen
unermüdlichen Einsatz das heiß ersehnte
Polizeimotorrad.

Der Museumsdirektor berichtet, dass
Sivas seinen Job als Hausmeister verloren
hat, weil er sich bestechen ließ und für
die Diebe einen Nachschlüssel für den
Museumsausgang besorgt hat.

Vom Löffelmacher-Diamanten werden
bunte Postkarten gedruckt, die reißenden
Absatz finden. Eine davon schickt Kugelblitz an seinen Freund Kemal in Deutsch-
land.

Er schreibt:

Lieber Kemal,
die Türkei ist ein wunderschönes Land! Mir sind hier schon einige große und kleine Fische ins Netz gegangen. Nicht nur beim Angeln! Nächste Woche komme ich zurück und kann dir spannende Dinge erzählen …

Güle güle!
Dein   Isidor Kugelblitz

Inhalt